Джон Мак-Артур

Найдена: Божья воля

Узнайте Божий путь и смысл для вашей жизни

Благая весть
Самара, 2025

УДК 242
ББК 86. 376
М 15

Перевод: А. Авилова
Верстка и обложка: М. Литвинова

Мак-Артур, Джон

М 15 Найдена: Божья воля : Узнайте Божий путь и смысл для вашей жизни / Джон Мак-Артур — Самара : Благая весть, 2025. — 72 с.

TMAI Edition ISBN: 978-1-967358-15-1   УДК 242
ББК 86. 376

The Master's Academy International
E-mail: publishing@tmai.org

ОГЛАВЛЕНИЕ

ГЛАВА 1

Бог — тиран вселенского масштаба?

Самый частый вопрос, который я слышу от людей, когда путешествую, звучит так: «Как христианин может узнать Божью волю в своей жизни?» Большинство людей понимает, что у Бога есть план для жизни каждого верующего, но зачастую нам сложно понять, в чем конкретно состоит этот план на определенном повороте жизни. Существует множество книг, буклетов и проповедей на эту тему, и все же ответы порой ускользают даже от самых настойчивых искателей. Я молюсь о том, чтобы эта небольшая книга особенным и действенным способом смогла заполнить пробелы в понимании Божьей воли.

Можно искать конкретные указания в этой сфере, но в итоге остаться лишь с множеством идей. Похоже, некоторые люди думают, что Божья воля утеряна. По крайней мере, они утверждают, что ее необходимо искать! В их понимании Бог похож на пасхального кролика, который спрятал Свою волю, как яйца, и отправил нас на ее поиски на протяжении всей жизни. А Он наблюдает сверху и говорит: «Теплее, теплее!»

Некоторые предлагают искать Божью волю через драматический опыт. Вы бежите по улице и, поскользнувшись на банановой кожуре, приземляетесь на карту Индии. И немедленно понимаете: «Благодарю Тебя, Господи, за ясное водительство! Я понял! Это Индия!» Или голос с небес, а может, даже откровение во сне призывает вас ехать в Чили!

Но ведь есть такие люди, которым страшно подумать о Божьей воле. Никогда не забуду крепкого молодого человека, который подошел ко мне в летнем лагере Хам Лейк и сказал: «Не знаю, готов ли я отдать свою жизнь Иисусу Христу. Я боюсь того, что Он повелит мне делать». Наверное, он думал, что Бог хочет переломать ноги спортсмену и заставить играть на флейте. В представлении людей Бог этакий «тиран», который всячески препятствует их развлечениям. Они боятся, что послушание воле Божьей превратит их жизнь в невыносимое мучение и потребует отказаться от любимых вещей или занятий.

Существует мышление «медного кольца». Помните старинные карусели с железными и медными кольцами? Когда карусель вращалась, посетители аттракциона тянулись к кольцам, которые свисали по бокам. Если вам удавалось поймать медное кольцо среди множества железных, вы получали приз. Некоторые христиане именно так понимают Божью волю: хорошо бы поймать медное кольцо, но если не получилось — довольствуйся железным. Другими словами, главное не победа, а участие в забеге.

В некоторых источниках я нашел такое ограниченное определение Божьей воли, как «благоприятное сочетание желаний и обстоятельств».

Этот перечень можно продолжать и продолжать.

Посреди этого беспорядка я снова задам вопрос: «Что такое Божья воля? Существуют ли какие-либо конкретные принципы, которые можно сформулировать и следовать им?» Я верю, что есть! Для того и написана эта книга. Как узнать, какую выбрать профессию, какую посещать школу, на ком жениться или за кого выходить замуж, какое решение принимать в той или иной ситуации? Можете больше не переживать. Трудности позади, поиски закончены.

Давайте начнем с простого предположения. Если у Бога есть воля для нашей жизни, скорее всего, Он хочет, чтобы мы ее знали. А если так, то мы ожидаем, что Он сообщит нам о ней самым доступным способом. И что это за способ? Библия, Его откровение. Поэтому я верю, что все необходимое о Божьей воле для человека ясно изложено на страницах Священного Писания. Таким образом, Божья воля ясно сформулирована в Библии.

При рассмотрении некоторых библейских принципов на следующих страницах этой книги будьте готовы к неожиданным и удивительным выводам, которые могут изменить вашу жизнь.

ГЛАВА 2

Первый и самый важный шаг

У меня Божья воля больше не вызывает вопросов — так должно быть и у вас. Давайте начнем с самого начала и посмотрим, что Господь открыл нам в Своем Слове.

Апостол Петр выделил концепцию Божьей воли для нас во Втором послании Петра 3:9. На протяжении своего Второго послания Петр предупреждает нас о лжепророках, которых называет «безводными источниками» и «псами, которые возвращаются на свою блевотину». Петр говорит, что этим «источникам» (которые, казалось бы, должны быть источниками живой воды, но таковыми не являются) или этим «псам» (которые возвращаются и лижут блевотину своих собственных когда-то забытых грехов) свойственно отрицать две вещи. Во-первых, вероотступник или лжеучитель отрицает божественность Иисуса Христа, отрицает «искупившего их Господа» (2 Пет. 2:1).

Во-вторых, вероотступник отрицает второе пришествие Христа (3:1–10). Он говорит с насмешкой: «Где обещания Его пришествия? Вот вы, фанатики, бегаете здесь и говорите, что Иисус скоро придет во второй раз. Где Он? Я Его не вижу». Он аргументирует так: «Ибо с тех пор, как стали умирать отцы, от начала творения все остается так же». Он говорит: «Никогда ничего не изменится, потому что не менялось прежде. Я никогда не умру. Никогда прежде не умирал. И у меня никогда не будет рака. Ведь раньше никогда не было».

Петр отвечает: «Вы забыли про потоп. Все изменилось». И будет продолжать меняться дальше. Бог собирается совершить великий и справедливый суд (2 Пет. 3:10). «Не медлит Господь исполнением обетования» (ст. 9).

Другими словами, если мы не видим, как Бог приходит в мир с судом, это не значит, что Он не может этого сделать. Это не значит, что Он не исполнит Своего обещания. Божье промедление не означает, что Он бессилен или неверен, но долготерпелив, «не желая, чтобы кто погиб, но чтобы все пришли к покаянию».

Это первое, что касается Божьей воли: Он хочет спасения грешника. Желание Бога настолько велико, что Он медлит с наступлением суда.

Павел писал в Первом послании к Тимофею 2:3-4: «ибо это хорошо и угодно Спасителю нашему Богу, Который хочет, чтобы все люди спаслись и достигли познания истины».

Божья воля заключается в том, чтобы люди спаслись. Если вы все еще блуждаете по жизни и время от времени молитесь Богу, но еще не склонились у креста и не встретились с Иисусом Христом, значит, вы еще не начали свой путь в познании Божьей воли. У Бога нет причин открывать вам что-то особенное о вашей жизни, потому что вы не выполнили условие номер один: спасение.

Бог ведет Своих

Владелец известного ресторана и ночного клуба в Нью-Йорке однажды заявил в очередном интервью: «Я бы не оказался там, где нахожусь сейчас, если бы не Большой Человек наверху».

Несомненно, это верное утверждение, если вспомнить мысль апостола Павла, когда он говорил язычникам-афинянам, что «мы Им живем и движемся, и существуем» (Деян. 17:28). Христос контролирует всю Вселенную, и без Него никто не находился бы там, где он или она есть.

Но что касается Божьего личного руководства тех, кто не принял Иисуса Христа как личного Спасителя, то в Писании нет ни строчки, указывающей на это. Вместо этого написано:

> *И когда выведет своих овец, идет перед ними; а овцы за ним идут, потому что знают голос его (Ин. 10:4).*

Люди остаются чужими Богу без Христа. Они бунтуют против Бога, будучи странниками и пришельцами в Его вселенной.

Библия говорит, что Божья воля заключается в спасении человека, и здесь все начинается. Иисус ясно говорит об этом в Евангелии от Марка 3:31-35. Он начал учить в доме, куда пришли Его братья и матерь. Внутри находилось множество народа, так что члены семьи Иисуса не могли до Него добраться. И кто-то сказал Иисусу: «вот, Матерь Твоя и братья Твои и сестры Твои, вне *дома,* спрашивают Тебя».

Он отвечал им: «Кто Мои братья и Моя матерь?»

Я уверен, что люди в толпе отреагировали на слова Иисуса примерно так: «Что это вообще за вопрос? Каждый человек знает свою мать и братьев!»

Если сначала реакция Иисуса не удивила их, то следующие слова точно потрясли: «И обозрев сидящих вокруг Себя, говорит: «вот матерь Моя и братья Мои».

Вероятно, они переглядывались и думали: «Кто? Я?»

Затем Иисус пояснил: «Всякий, исполняющий волю Божию, есть Мой брат, и сестра, и матерь».

Что Иисус имел ввиду? Он учил, что для близких отношений с Богом необходимо исполнять Его волю. Это работает в обе стороны. Чтобы исполнять Божью волю, человеку нужно быть родным Богу.

Апостол Иоанн пишет:

> *Не любите мира, ни того, что в мире; и мир проходит, и похоть его, а исполняющий волю Божию пребывает вовек (1 Ин. 2:15-17).*

Кто пребывает вовек? Исполняющий Божью волю. Но Кто единственный может даровать вечную жизнь? Иисус Христос. Самый первый шаг на пути познания Божьей воли заключается в том, чтобы обрести спасение.

Если вы не посвятили свою жизнь Иисусу Христу, не ждите ничего от Бога. Он вам ничего не должен. Он вам абсолютно ничем не обязан.

Люди не согласны с этим. Учение о спасении сегодня не популярно, потому что оно требует осознания своего греха. Никому не нравится признавать себя грешником. И поэтому люди отвергают саму мысль, что им нужно спасение.

Противостояние в Калифорнийском университете

Никогда не забуду, как я благовествовал на территории университета вместе с миссией Campus Crusade for Christ. Около двух тысяч молодых людей рассказывали Евангелие в личных беседах. Государственный университет Лос-Анджелеса в то время был центром ортодоксального, консервативного и реформированного иудаизма. Он также был известен своими коммунистическими группами. Поэтому данный университет был не самым привлекательным местом для проповеди Евангелия, но мы все-таки пошли туда рассказывать истину об Иисусе Христе.

Вскоре на первой полосе университетской газеты *Daily Bruin* появилась статья с карикатурой, изображающей лежащего на земле бруина (талисман Калифорнийского университета — медведь), которому христианин наступает на шею. В этом выпуске газеты была опубликована статья декана, где он обещал предпринять «срочные меры» в отношении тех, кто не перестанет говорить об Иисусе Христе на территории университета. В статье декан также цитировал конституцию университета, где говорилось, что «на территории университета запрещено проводить мероприятия религиозного характера».

Разговоры о грехе и спасении оскорбительны для некоторых людей. Кто хочет слышать о грехе? Люди чаще всего скрывают свои грехи. Грех — это не грех, ни в коем случае! Психологи говорят нам, что грех — это «предрасположенность». Это какая-то «индивидуальная непереносимость». Грех — это «недостаточная секреция эндокринных желез!»

Но Божья воля состоит в том, чтобы люди спаслись! И основное условие для спасения — признать себя грешником. Эта истина находится на поверхности. Либо вы не спасены от греха и вам нужно прийти ко Христу, потому что в этом состоит для вас Божья воля; либо вы спасены и вам нужно нести весть о спасении другим людям. Мир нуждается в Иисусе Христе. Бог хочет, чтобы люди были спасены, а мы с вами — средства для распространения Евангелия. Это Божья воля.

Вы говорите, что не знаете, в чем заключается Божья воля, но я скажу вам. Прежде всего вам нужно познать Христа, а затем рассказать о Нем своим близким. Это Его воля. Зачастую мы сидим сложа руки, мечтаем об исполнении Божьей воли в далеком будущем вместо того, чтобы встать, выйти из дома и исполнить Его волю прямо сейчас.

Бог настолько сильно желал спасения человечества, что отдал Своего единственного возлюбленного Сына на крестную смерть. Такова сила Его любви, и это говорит о том, насколько сильно Он желает, чтобы люди были спасены!

ГЛАВА 3

Принцип шипучей таблетки

Если мы, будучи христианами, Божьими детьми, не знаем Божью волю, кто мы тогда? Невежды? Нет. Ищущие? Нет. Мы *глупые*.

«Звучит довольно грубо» — скажете вы, — «Не по-библейски».

Правда? Взгляните сюда: «Итак, не будьте нерассудительны, но познавайте, что есть воля Божия» (Еф.5:17).

Более того, предыдущий стих говорит о том, что нам следует поторопиться; наше время ограничено. Мы должны «дорожить временем, потому что дни лукавы» (ст.16).

Вы скажете: «Но я ищу Божью волю. Может быть я глуп, но что поделать?»

Да, вы можете что-то предпринять. В противном случае в Писании не было бы повеления «быть мудрым».

Непосредственно в следующем стихе говорится о том, как избежать глупости.

> Не упивайтесь вином, от которого бывает распутство; но исполняйтесь Духом (ст. 18).

Во-первых, если вы хотите знать Божью волю, вы должны быть спасены. Во-вторых, вы должны быть исполнены Святым Духом. Этому учит Слово Божье.

Многие христиане говорят: «Я не понимаю, почему Бог не открыл, с кем мне вступить в брак». Другие возмущаются: «Почему Бог не покажет, на какую работу я должен устроиться, какое предложение в бизнесе принять, что купить, переезжать ли мне в другое место и что делать в какой-либо другой жизненной ситуации? Почему Бог ничего не делает для того, чтобы показать, в чем Его воля?» Стоит заметить, что эти люди даже не исполнены Святым

Духом, а это ясно повелевается Божьей волей. Почему Бог должен что-то открывать человеку, если он или она не исполняют хотя бы того, что ясно называется Его волей?

Что означает быть исполненным Святым Духом? Позвольте преподать вам небольшой урок богословия. Мы называем это богословием жизни, исполненной Духом Святым. В момент вашего спасения, когда вы приняли Иисуса Христа, Святой Дух поселяется в вас. Не существует христианина, в котором не пребывает Дух Святой.

«Если же кто Духа Христова не имеет, тот *и* не Его» (Рим. 8:9; см. также 1 Кор. 6:19; 12:12-13). И все же удивительно, что многие христиане считают, что не имеют Святого Духа.

Я слышал искренние молитвы людей в церкви: «Господи, пошли мне Духа Своего!» и подумал: «Нет. Он здесь! Он уже здесь» Я слышал и такие молитвы: «Господи, пошли мне больше Своего Духа!», как будто Он сходит частями.

Дух Святой — это Личность. Он живет в вас.

> *Не знаете ли, что тела ваши суть храм живущего в вас Святого Духа? (1 Кор. 6:19).*

19

Мы так часто просим дать то, что уже имеем! Мы молимся о сошествии Святого Духа, а Он уже здесь.

Вы когда-нибудь думали о содержании своих молитв?

Вы молитесь: «Боже, дай мне любви к тому и тому». А Библия говорит: «Любовь Божия излилась в сердца наши» (Рим. 5:5).

Вы просите: «Господи, мне нужно больше Твоей благодати». А Он отвечает, что Божьей благодати для вас достаточно (2 Кор. 12:9).

Вы взываете: «Боже, дай мне сил!» Библия же говорит, что вы можете делать все «в укрепляющем вас Иисусе Христе» (Флп. 4:13).

«Господи, веди меня», просите вы. *А Он уже дал вам Свое Слово для сопровождения ваших путей* (Пс. 118:105).

Полнота в Нем

Когда же христиане поймут, что у них все есть? Апостол Петр пишет: «от Божественной силы Его даровано нам все потребное для жизни и благочестия» (2 Пет. 1:3). У вас нет ни в чем недостатка!

Но так много ослабевших христиан говорят: «Ох, у меня просто нет сил, чтобы сделать то или другое».

Апостол Павел писал колоссянам: «Вы имеете полноту в Нем» (Кол. 2:10). Полнота! Чего же вы ищете? Чего вы просите? Иаков говорил, чего нам следует искать — «мудрости» (Иак. 1:5) — то есть понимания того, что у вас уже имеется, и не просить об этом! В том числе нам не нужно просить о Святом Духе — Он уже живет в нас.

Если в нас обитает Святой Дух, мы имеем силу, как Иисус сказал апостолам: «но вы примете силу, когда сойдет на вас Дух Святой» (Деян. 1:8). Слово «сила» — это греческое слово *dunamis,* от которого произошло наше слово *динамит.* Это мощная взрывная сила.

Вы можете возразить: «Правда? Ну не знаю. Мне кажется, я неудачник. Моя жизнь не демонстрирует взрывную силу, я вообще не издаю громких звуков».

Но в вас есть сила. А вы ей не пользуетесь. Одно дело иметь Святого Духа, а другое дело быть исполненным Святым Духом.

Для приготовления газированных напитков иногда используют небольшие шипучие таблетки. Они были очень популярны в 1950-1960 гг и недавно снова появились в продаже. Они похожи на растворимый аспирин с вкусовыми добавками. Нужно бросить таблетку в стакан с водой, и вода приобретет соответствующий вкус.

Нет никакой пользы от этой таблетки, пока она лежит на дне стакана в сжатом сухом состоянии. Она должна высвободить свою энергию и наполнить стакан, превратив воду во что-то новое. Если это шипучая таблетка с виноградным вкусом, получится виноградный напиток. Вкус таблетки определяет вкус напитка.

Что-то похожее происходит в жизни человека, когда в нем действует Дух Божий. Это сжатая, сконцентрированная, могущественная Божественная сила, пребывающая в каждом христианине. Вопрос лишь в том, проявляет ли Он Себя, чтобы наполнить вашу жизнь и преобразовать ее? Тот христианин, который не подчинил себя Святому Духу, не проповедует Христа своей жизнью. Дух Божий должен проникнуть во все сферы его жизни, и тогда Он будет отражаться в ней.

Без исполнения Святым Духом мы не можем делать ничего.

Предположим, у меня есть перчатка. Если я скажу перчатке: «Сыграй на пианино», — что сделает перчатка? Ничего. Перчатка не умеет играть на пианино. Но если я надену перчатку на руку и сыграю на пианино, что получится? Музыка! Я надеваю перчатку, и перчатка начинает двигаться. Она не обращается к руке с мольбой: «О, рука, укажи, что мне делать». Перчатка молчит, она просто повинуется руке. Люди, исполненные Святого Духа, не топчутся на месте в поисках того, что от них хочет Бог. Они идут и делают!

Люди часто задают вопрос: «Как мне узнать, какой у меня духовный дар?». Наилучший способ — это практиковать исполненную Духом Святым жизнь, наблюдать, что Бог совершает через вас, а затем, оглядываясь назад, осознать: «Вот что происходит, когда Бог ведет меня. Очевидно, в этом мой дар». Не нужно углубляться в детали. Самое главное в том, чтобы Дух Святой действовал в нашей жизни. Это касается лишь принятия решений. Вы встаете утром с постели и решаете, что надеть. Затем вы решаете, что покушать на завтрак. И так на протяжении всего дня — вы принимаете одно решение за другим. Исполненная Духом Святым жизнь подчиняет любое ваше решение Его контролю.

Опыт Петра

Посмотрите на жизнь апостола Петра. Когда Петр находился с Иисусом, он обладал удивительной силой. Поэтому он старался быть рядом со Христом. Однажды ученики плыли по Галилейскому морю (Матф. 14:22-33). Штормовой ветер бросал их лодку из стороны в сторону, и они никак не могли добраться до Капернаума. (Сильные ветра часто превращают Галилейское море в большой водоворот, и лодка вынуждена просто плавать по кругу).

Вдруг один из учеников воскликнул: «Кто-то идет по воде!»

И действительно, навстречу волнам шел Иисус, и Его одежда развевалась на ветру.

Петр закричал: «Это Ты, Господи?»

Христос ответил: «Да, это Я».

Петр сказал: «Можно мне пойти к Тебе?»

Вы никогда не задумывались, почему Петр так сказал. Почему бы ему просто не подождать, пока Иисус Сам подойдет к лодке?

Но тогда это был бы не Петр. Он подумал: «Иисус там. А я здесь. Это нехорошо. Мне нужно туда». Его не заботило, что люди обычно не ходят по воде.

В этом он не видел проблемы. Когда Петр увидел Иисуса, он так сильно захотел быть рядом с Ним, что просто пошел.

Но когда Петр ступил на бушующие волны, он посмотрел вниз и подумал: *Что я здесь делаю?* Он начал тонуть, и Господь поднял его.

Дело в том, что когда Петр был рядом с Иисусом, происходили невероятные вещи. Вместе с Иисусом Петр смог идти по воде.

Немного позже Иисус задал Своим ученикам вопрос: «За кого люди почитают Меня?»

Он отвечали: «Некоторые думают, что Ты — Иеремия; другие считают, что Ты Илия, а третьи полагают, что Ты один из пророков».

Иисус сказал: «А вы за кого принимаете Меня?»

Петр ответил: «Ты — Христос, Сын Бога живого» (Матф. 16:16). И потом, я уверен, он удивился: *Откуда взялась эта мысль?*

Иисус объяснил ему: «не плоть и кровь открыли тебе это, Петр, но Отец Мой, Сущий на небесах» (см. Матф. 16:13–17).

Возможно, Петр произнес: «Так и есть. Сам я бы до этого не додумался». Понимаете, когда Петр был рядом с Иисусом, он не только мог сам творить чудеса, но и произносил удивительные истины. Неудивительно, что он стремился быть со Христом.

Когда Петр находился с Иисусом, он обладал невероятной смелостью. Он был в Гефсиманском саду, когда целый отряд воинов — примерно пятьсот человек — пришел арестовать Иисуса. Они пришли в полном вооружении. Во главе отряда шли первосвященники, а перед ними слуги первосвященников. Петр стоял рядом с Иисусом. Может быть, у него в голове промелькнула такая мысль: *Они хотят забрать Иисуса. Ничего не выйдет.*

Поскольку Петр не хотел разлучаться со Христом, он достал меч. Он начал с первого в этом отряде, и это был Малх, раб первосвященника. В Библии сказано, что Петр отсек ему ухо, но, зная Петра, могу с уверенностью предположить, что он был готов снести всю голову.

Петр был готов выступить против всего римского войска. Понимаете, когда Петр был рядом с Иисусом, он обладал невероятной храбростью.

Немного позже Иисус предстал перед судом, а Петр находился в стороне. Он был далеко от Иисуса. И что стало с этим сильным человеком, который прежде мог ходить по воде, говорить по божественному вдохновению и демонстрировать невероятную смелость?

Когда Петра разлучили со Христом, он потерпел крах. Он отрекся от Христа три раза. Без Христа он был никем.

Готов к погребению?

Настал день, когда Иисусу надлежало вознестись на небо. Вы скажете: «О нет! Если Петр становится трусом, когда он в сотне метров от Христа, что станет с ним, когда Иисус уйдет на небо? Можно поставить на нем крест. Он бесполезен!».

Однако некоторое время спустя после вознесения Петр предстал перед врагами Христа и сказал: «мужи Иудейские, и все живущие в Иерусалиме! сие да будет вам известно, и внимайте словам моим» (Деян. 2:14). Вот это да! Он цитировал пророка Иоиля и начал проповедовать о том, что они убили Начальника Жизни, пожелали освободить убийцу и отреклись от Святого. И затем он продолжил бесстрашно провозглашать Христа и дерзновенно проповедовать Евангелие. Откуда у Петра взялось такое мужество?

В следующий раз мы читаем о Петре в книге Деяний Апостолов в 3 главе. Он и Иоанн идут в храм. Проходя через Красные ворота, они встречают человека, хромого от рождения. Петр сказал ему: «Посмотри на нас!» Тот человек взглянул, а Петр продолжал: «Серебра и золота нет у меня; а что имею, то даю тебе: во имя Иисуса Христа Назорея встань и ходи» (Деян. 3:4-6). Хромой встал и начал прыгать, скакать и хвалить Бога. Петр не только произнес чудесные слова, но и буквально сотворил чудо.

В следующей главе Петр подвергается преследованиям. Он проявил удивительную смелость, подобно тому как в Гефсиманском саду. Возможно, вы удивляетесь: «Я этого не понимаю. Такие качества проявлялись в Петре, когда он был рядом с Иисусом. Но теперь, когда Иисус на небесах, он снова обладал этими прекрасными качествами. Что произошло?» В книге Деяний апостолов 2:4 мы находим ответ. Прежде чем Петр совершил какие-либо великие дела, он находился среди тех, кто «исполнился Духа Святого» (Деян. 2:4).

Позвольте сделать вывод. Когда Петр исполнился Святым Духом, он стал обладать такой же силой, какая была в нем рядом с Иисусом! А теперь послушайте! Знаете, что такое жизнь, исполненная Святым Духом? Это каждую минуту проживать так, будто вы находитесь в присутствии Иисуса Христа! Не так уж и сложно, правда? Некоторые подумают, что я хочу их запутать, потому что Иисус Христос и Святой Дух — это не одно и то же. Но как Павел называет Духа Святого? «Дух Христов» (Рим. 8:9). Иисус сказал, что когда Он уйдет, то пошлет *allos*, «другого», Утешителя (Ин. 14:16). Для обозначения слова «другой» в греческом языке есть два варианта: *heteros* и *allos*. *Heteros* означает другой, иного рода, но *allos* означает другой, но точно такой же!

Вот моя Библия. Если бы я попросил: «Дайте мне *heteros biblos*», вы бы дали мне другую книгу. А если бы я сказал: «Дайте мне *allos biblos*», вы должны были дать мне другую Библию, с такими же пометками, заломами и потертостями. Это *allos*. Когда Иисус пообещал: «Я пошлю вам другого Утешителя», Он сказал *allos*, другого такого же, как Я. Жизнь, исполненная Духом, есть ничто иное, как пребывать в постоянном осознании присутствия Христа.

Жизнь, исполненная Святым Духом, кажется нам какой-то таинственной. Но Павел говорит, что мы просто должны исполняться Духом вместо того, чтобы упиваться вином. То есть Дух Святой должен руководить нами, а не вино (Еф. 5:18).

Как проявляется жизнь, исполненная Святым Духом? «Назидая самих себя псалмами и славословиями и песнопениями духовными, поя и воспевая в сердцах ваших Господу, благодаря всегда за все Бога и Отца, во имя Господа нашего Иисуса Христа» (Еф. 5:19–20). Затем Павел продолжает рассказывать, какова жизнь исполненных Духом людей. Жены повинуются мужьям, мужья любят своих жен, отцы не раздражают своих детей, дети послушны родителям, рабы усердно трудятся, а господа к ним справедливы. Так живут люди, исполненные Святым Духом (Еф. 5:22–6:9).

Наполнены Словом

Любопытно, что в 3 главе послания Колоссянам мы находим такой же перечень: покорность, назидание псалмами и духовными песнопениями, покорность жен, любовь мужей, послушание детей, сдержанные родители, рабы и господа. Только здесь Павел не связывает такой образ жизни с исполнением

Святым Духом. Павел утверждает, что это этот результат того, что Слово Христово «вселяется в вас обильно, со всякой премудростью» (Кол. 3:16).

Понимаете, что такое жизнь, исполненная Духом? Это значит «пребывать» во Христе — в Его Слове, в Нем Самом.

Возможно, вы скажете: «Я бы хотел так жить. Я хотел бы пребывать во Христе. Но как это сделать?» И единственный способ — это изучать Книгу, в которой говорится о Нем! А вы возразите: «Я пробовал читать Библию, но ничего особенного не произошло».

Разрешите мне поделиться, как я изучаю Библию, и она становится для меня живой книгой. Я начал с 1 послания Иоанна. Однажды я сел и прочитал все 5 глав этого послания за один раз. На это ушло 20 минут. Чтение всей библейской книги целиком — это потрясающий опыт. (Книги Библии изначально не были написаны как собрание отдельных стихов. Мысли излагались последовательно и в определенном контексте).

На следующий день я снова прочитал 1 послание Иоанна целиком. На третий день я опять прочитал все 1 послание Иоанна. На четвертый день я вновь прочитал послание от начала до конца. И на пятый день снова. И так я читал 1 послание Иоанна в течение 30 дней. Знаете, что произошло через 30 дней? Я знал 1 послание Иоанна.

Если кто-то спросит: «Где в Библии говорится об исповедании грехов?», перед моим мысленным взором предстает 1 послание Иоанна, 1 глава, правая колонка, нижняя часть (в зависимости от вашей Библии). Где написано о том, что христиане не должны любить мир? Вторая глава, правая колонка, нижняя половина. Где говорится о грехе к смерти? Пятая глава, последняя страница. Я знаю 1 послание Иоанна!

Потом я взял Евангелие от Иоанна. Я разделил это Евангелие на три части по 7 глав каждая. В течение первых 30 дней я читал первые семь глав, затем следующие семь глав в течение следующих 30 дней и последние семь глав в течение других 30 дней. Я 30 раз прочитал все Евангелие от Иоанна за 90 дней.

Где говорится о Добром Пастыре? 10 глава, правая колонка, начиная с середины колонки и ниже, переворачиваем страницу и далее.

Где написано о Лозе и ветвях? 15 глава. Где речь идет о друзьях Иисуса? 15 глава, следующая колонка и ниже. Где говорится об аресте Иисуса в Гефсиманском саду? 18 глава. Отречение Петра? 21 глава.

Женщина у колодца? 4 глава. Хлеб жизни? 6 глава. Никодим? 3 глава. Свадьба в Кане Галилейской? 2 глава.

Вы можете удивиться: «Ого! Какой умный!» Нет, я просто прочитал это евангелие 30 раз. Даже я смог запомнить все это! Пророк Исайя писал, что мы должны изучать «заповедь на заповедь, правило на правило, ... тут немного, и там немного» (Ис. 28:10-13). Тогда Слово Божье будет сокрыто в вашем сердце. И тогда вам не потребуется симфония!

Сознательное пренебрежение

Чем больше вы изучаете Божье Слово, тем больше оно пропитывает ваш разум и вашу жизнь. Однажды известную скрипачку спросили после выступления в Карнеги Холле в Нью-Йорке, как ей удалось достичь такого мастерства. Она ответила, что это произошло благодаря «сознательному пренебрежению». Она сознательно пренебрегала тем, что не имело отношения к ее цели.

Можно сознательно пренебречь некоторыми незначительными вещами в вашей жизни ради того, чтобы посвятить себя изучению Божьего Слова. И что произойдет? Чем больше вы будете изучать Божье Слово, тем больше ваш разум будет насыщаться Им. Тогда размышления о Христе больше не будут для вас проблемой. Вы будете думать о Нем постоянно.

Исполненная Духом Святым жизнь — это жизнь в осознании постоянного присутствия Христа, и другого пути нет. Невозможно просто принять решение и посвятить себя христоцентричной жизни. Единственный путь насытить свой разум Христом — это погрузиться в Книгу о Нем. И в этом заключается Божья воля: не только в вашем спасении, но и в исполнении Святым Духом.

ГЛАВА 4

Абсолютная непорочность

Для тех, кто давно занимается поисками Божьей воли, это покажется очевидным. «Ибо воля Божия есть освящение ваше» (1 Фес. 4:3). Бог желает освящения каждого верующего. Что такое «освящение»? Давайте будем использовать слово «непорочность». В 1 послании Фессалоникийцам 4:3-7 Павел говорит о практической непорочности и указывает на четыре принципа.

Воздерживайтесь от блуда

Держитесь подальше от сексуальных грехов. Павел не говорит избегать сексуальных отношений, но велит воздерживаться от сексуальных грехов. Естественно, это значит, что мы не должны участвовать в сексуальных отношениях, которые являются порочными. Это также означает, что мы должны держаться от таких вещей подальше.

Но ведь есть христиане, которым и в голову не придет делать такие вещи, но они сидят и смотрят, как это делают другие, или читают об этом в книгах, и называют это развлечением. Мы не должны в этом участвовать.

Я не ханжа и не считаю секс грехом. Бог сотворил секс. И потому сексуальные отношения хороши. Но Бог сотворил сексуальные отношения для украшения брака и только для брака. Если люди думают, что могут обмануть Бога и получить удовольствие от секса вне брака, то они верят дьявольской лжи.

Молодому человеку (или кому-либо еще), живущему в сексуальном грехе, бессмысленно просить: «Господи, покажи мне Свою волю». Такой человек не исполняет даже ту Божью волю, которая явно открыта в этом месте Писания. Почему Бог должен открыть ему дальнейшую волю?

Держитесь подальше от нравственной нечистоты. Это простой принцип. И кто-то обязательно спросит:

«Насколько далеко мне нужно находиться от такого греха?» Достаточно далеко, чтобы оставаться непорочным. Святым. Всецело посвященным Богу.

Означает ли это, что вам нельзя держаться за руки с любимым человеком? Вопрос не в этом. Имею ли я ввиду, что вам нельзя целоваться? И речь не об этом тоже. В Библии сказано:

> *Все мне позволительно, но не все полезно; все мне позволительно, но ничто не должно обладать мною (1 Кор. 6:12).*

Господь благословляет вас только тогда, когда вы чтите Его своими поступками. Если вы стали рабом своих страстей, вы преступили черту. Принцип прост.

Контролируйте свое тело

Второй принцип относительно практической непорочности выражен в Первом послании к Фессалоникийцам 4:4: «чтобы каждый из вас умел соблюдать свой сосуд в святости и чести». В греческом языке слово «сосуд» имеет два возможных значения: «жена» и «тело». Судя по контексту, здесь имеется ввиду «тело». Павел увещевает нас, чтобы мы контролировали свои тела. Это непорочность.

Мы должны хранить свои тела в подчинении, проявляя тем самым почтение к Богу. Это касается выбора одежды и всего, что мы делаем со своим телом. Это принцип вмещает не только сексуальные грехи, но и всю сферу похоти плоти. Человек может бесчестить Бога своим вызывающим внешним видом. Переедание также является грехом и бесчестит Бога, потому что всем очевидно, что обжора не может обуздать свой аппетит. Ничто из того, что приносит удовольствие телу в ущерб Богу, не является Божьей волей.

Обуздывайте свои страсти

Христианин не должен жить «в страсти похотения, как и язычники, не знающие Бога» (1 Фес. 4:5). О чем говорит Павел? Не поступайте как люди в этом мире, которые подчиняются своим страстям.

Однажды ко мне подошла шестнадцатилетняя девушка со слезами на глазах и сказала: «Пастор, я так больше не могу, я хочу покончить с собой». Я спросил, почему, и она ответила: «У меня было столько парней с тринадцати лет, что мне противно смотреть на себя в зеркало». Мы сели и поговорили о Божьей любви и всепрощении. Эта девушка пригласила Иисуса в свою жизнь. Теперь в ее глазах блестели слезы счастья, и она говорила: «Знаете, я чувствую себя прощенной». Я заверил ее, что так и есть. Она уходила, чтобы больше не жить в грязи, но устремляться ввысь, к горнему.

Величайшая освобождающая сила христианства в том, что она вытаскивает человека из пучины греха и поднимает ввысь. Стойте твердо! Не поступайте как нечестивые люди.

Справедливо относитесь к другим людям

Мы не должны «поступать с братом своим противозаконно и корыстолюбиво» ни в чем (1 Фес. 4:6). Другими словами, не используйте людей в своих корыстных целях.

Некоторые готовы идти по головам, чтобы добиться своего. Есть люди, которые используют других для удовлетворения своих сексуальных похотей. Другие пользуются людьми в бизнесе. Есть много способов, как пользоваться людьми. Не поступайте так, потому что «Господь — мститель за все это».

Вы скажете: «Мне не нравятся такие правила. Бог ставит слишком много запретов. Тогда 8 стих написан именно для вас: «непокорный непокорен не человеку, но Богу, Который и дал нам Духа Своего Святого».

Если вы относитесь к людям несправедливо, вы неправильно относитесь к Богу и оскорбляете Его.

В 7 стихе Павел подводит итог всему сказанному: «Ибо призвал нас Бог не к нечистоте, но к святости». Божий призыв — Божья воля — в нашем освящении, святости, чистоте.

Роберт Мюррей Макчейн проповедовал на рукоположении молодого служителя Дэна Эдвардса в 40-х годах 19 века. Он сказал примерно следующее:

> *Господин Эдвардс, не забывайте о внутреннем человеке, о сердце. Офицер кавалерии знает, что его жизнь зависит от его сабли, поэтому он содержит ее в чистоте. Он тщательно очищает каждое пятнышко. Господин Эдвардс, вы — избранный Божий*

инструмент. Успех вашего служения будет зависеть от вашей непорочности. Богу не нужны великие таланты и грандиозные идеи, но наибольшее подобие Иисусу Христу. Господин Эдвардс, святой человек — грозное оружие в Божьих руках (см. 2 Тим. 2:21).

Макчейн был прав. Божья воля в том, чтобы мы были святыми, то есть освященными.

ГЛАВА 5

Не давайте повода для критики

Представьте себе молодого человека, который искренне желает узнать Божью волю для своей жизни. Он настолько посвящен Богу, что даже готов стать миссионером, что в глазах других людей считается величайшей жертвой.

Но, несмотря на свою посвященность Богу, у нашего юного друга есть некоторые сложности. Он слега упрям. Кажется, у него возникают трудности в общении со своим руководством. И причины для несогласия у него веские. По крайней мере, он так считает.

Итак, наш юный искатель Божьей воли обращается со своей нуждой к мудрому пожилому пастору. «Я уверен, что Бог хочет, чтобы я стал миссионером, — говорит он, — но не знаю, где я должен нести это служение, в нашей стране или за ее пределами». Пастор смотрит ему прямо в глаза и отвечает: «Молодой человек, прежде всего тебе нужно стать смиренным слугой. Тебе нужно научиться подчиняться».

Строго? Возможно. Но это правда. Апостол Петр писал: «Будьте покорны всякому человеческому начальству, для Господа: царю ли, как верховной власти, правителям ли, как от него посылаемым для наказания преступников и для поощрения делающих добро, — ибо такова есть воля Божия» (1 Пет. 2:13–15).

Чего Бог хочет от вас? Покорности. О какой покорности Он говорит? Писание указывает на несколько видов подчинения, в том числе родителям и другим верующим. Но здесь апостол говорит об особом виде покорности, которая определяет наше правильное положение в обществе, в котором мы живем.

Кого мы пытаемся достичь? Людей этого мира. Если мы не являемся примером достойного гражданина, то неизменно наносим вред нашему свидетельству. Бог не только повелевает нам проявлять покорность властям, но и ясно объясняет причину этого. «Ибо такова есть воля Божия, чтобы мы, делая добро, заграждали уста невежеству безумных людей» (1 Пет. 2:15).

Знаете, чего ищут критики христианства? Ошибки. Как можно лишить их возможности найти ошибки? Исключить их. Мы должны заграждать уста невежеству безумных людей.

Как заграждать уста критиков? Жить безупречно в обществе. Именно это имеет ввиду Петр. Христианин не призван вершить революцию. Если существует законный способ изменить ситуацию, христианин им воспользуется. Христианин трудится. Он стремится быть наилучшим гражданином и вносить максимальный вклад в жизнь общества в рамках закона.

Никогда не злоупотребляйте своей свободой. Не используйте свободу, чтобы прикрыть злые намерения (1 Петр. 2:16).

Кто-то обязательно скажет: «Я не верю этим запретам. Бог говорит моему сердцу, что это неправильно. Так что я нарушу этот закон или правило».

Минуточку! Библия говорит не прикрывать свои злые намерения так называемой христианской свободой. Бог говорит: «Всех почитайте, братство любите, Бога бойтесь, царя чтите» (1 Пет. 2:17).

Если вы работаете по найму, «со всяким страхом повинуйтесь своим господам» (2:18). Вы можете возразить: «Но вы не знаете, какой у меня начальник!»

Писание продолжает: «не только добрым и кротким, но и суровым». Слово «суровый» означает «сложный, несговорчивый». У вас именно такой начальник? И что вам тогда делать? Подчиняться, осознанно и с любовью.

Встряхните мир

Меня часто посещали такие мысли, что если бы христиане следовали повелению Петра и жили именно так, то мы бы перевернули этот мир (Деян. 17:6). Но иногда мы абсолютно ничем не отличаемся от мира. Апостол Павел призывает таких христиан, как мы, которые работают на неверующих работодателей, честно отрабатывать положенное время за определенную плату и таким образом показывать, что это норма для христианина (Еф. 6:5-8).

Если вы являетесь гражданином какого-то государства, повинуйтесь законам этого государства, чтобы окружающие видели вашу настоящую веру, которая влияет и проявляется во всех сферах вашей жизни. Меня всегда смущают водители, у которых на бампере христианская наклейка, и при этом они перестраиваются из одной полосы в другую как сумасшедшие.

Пример достойного гражданина также поддерживается апостолом Павлом, когда он рекомендует избирать старейшину, который должен быть непорочен (1 Тим. 3:10).

Возможно, вы спросите: «Должен ли я повиноваться всем законам нашей страны?» Да, всем. Если вы не согласны с законами, это ни на что не влияет. Исполняйте закон. А если вам известны способы влияния и изменения плохих законов — действуйте, но пока эти законы в силе — повинуйтесь им.

Но что, если от вас требуется сделать что-то противоречащее ясному Божьему откровению и Его заповедям? Тогда не исполняйте такой закон. Это единственное исключение. Именно это произошло, когда правители Иудеи взяли Петра и Иоанна под стражу. Они приказали им больше не проповедовать об имени Иисуса. Но Петр и Иоанн отвечали: «судите, справедливо ли пред Богом слушать вас более, нежели Бога?» И, выйдя из того места, начали проповедовать (см. Деян. 4:18-20). Единственное исключение, когда верующие могут нарушить закон: когда закон запрещает им делать то, что Бог ясно повелевает, либо предписывает делать то, что Бог запрещает.

Что я хочу сказать? Бог хочет, чтобы мы были такими членами общества, которые привлекали бы внимание всего мира. Мы должны отличаться. Мы должны обладать качествами света и соли (Матф. 5:13-16). Это предусматривает покорность. И это ясно заповедано в Писании.

ГЛАВА 6

Всегда под прицелом

Многие потенциальные последователи Иисуса Христа приходят к Нему, мечтая о величии, что неплохо по сути. Иисус упрекнул учеников в споре о том, кто из них будет больше, и сказал, что подлинное величие заключается в служении другим (Мк. 9:33–35). Но Иисус также поддержал их жажду величия такими словами: «вы, последовавшие за Мною, ... сядете и вы на двенадцати престолах судить двенадцать колен Израилевых» (Матф. 19:28).

Но, согласно Божьей воле, величие следует за страданием, зачастую с большим отставанием. И если вы заключаете договор с Иисусом с мыслями о величии, вам лучше знать, что страдания первичны.

В противном случае спустя короткое время Божья воля начнет выглядеть крайне нежелательной.

Некто подошел к Иисусу, утверждая, что хочет исполнить волю Господа. «Я пойду за Тобою, куда бы Ты не пошел» — заявил он.

Иисус же ответил ему:

> *Лисицы имеют норы, и птицы небесные — гнезда; а Сын Человеческий не имеет, где приклонить голову (Лук. 9:57–58).*

Он хотел, чтобы этот потенциальный последователь знал, что Божья воля сопряжена со страданиями.

Апостол Петр писал: «Бог же всякой благодати, призвавший нас в вечную славу Свою во Христе Иисусе, Сам, *по кратковременном страдании вашем*, да совершит вас, да утвердит, да укрепит, да соделает непоколебимыми» (1 Пет. 5:10). Страдания — это норма для христианина.

Именно поэтому апостол Петр также писал о «страждущих по Воле Божьей» (1 Петр 4:19).

Кто-то может возразить: «Я должен страдать? О, это мне знакомо. Я действительно страдаю, несу свой крест. Мои родители — это мой крест». Или:

«Мой муж (или жена) — это мой крест». Или «Мой крест — это моя теща».

Но Петр говорил не о таких страданиях. Он писал: «Ибо, если угодно воле Божией, лучше пострадать за добрые дела, нежели за злые» (1 Пет. 3:17). Мы должны страдать не потому, что в молодости совершали ошибки; не потому, что раздражительны, ворчливы, обидчивы и постоянно выходим из себя. Христиане должны страдать потому, что поступают правильно.

Когда такое происходит, Петр ободряет нас: «но как вы участвуете в Христовых страданиях, радуйтесь» (1 Пет. 4:13). Это должно приносить нам радость. «Если злословят вас за имя Христово, то вы блаженны, ибо Дух Славы, Дух Божий почивает на вас. Только бы не пострадал кто из вас, как убийца, или вор, или злодей, или как посягающий на чужое» (1 Пет. 4:14–15).

Далее сказано: «А если как Христианин...» (ст. 16). Вы понимаете, о чем говорил Петр? Видите, какова цена? Если вы христианин и поступаете благочестиво в этом падшем мире, вы неизбежно будете страдать.

Апостол Павел выразил эту мысль следующим образом: «Да и все, желающие жить благочестиво во Христе Иисусе, будут гонимы» (2 Тим. 3:12).

Вы скажете: «Но меня никто не гонит». Так, может быть, вы не поступаете благочестиво перед лицом этого мира? Но если вы страдаете, это прекрасно. Дух славы и благодати почивает на вас (1 Пет.4:14).

Не только проповедники призваны благовествовать. Вы тоже. Ведь благовестие — это не только раздача евангелизационных буклетов, как бы полезно это ни было. Благовестие предполагает благочестивую жизнь перед лицом нечестивого мира. И это спровоцирует гонения, потому что мир не любит Иисуса.

Готовы пострадать?

Задумайтесь о словах Павла, записанных в послании Филиппийцам 1:29: «потому что вам дано ради Христа не только веровать в Него, но и страдать за Него». Это шокирует. Страдания непосредственно связаны с верой. В Библии ни разу не встречается христианин, который бы не страдал, потому что любой благочестивый человек будет подвергаться нападкам со стороны этого мира. Если вы беззаботно шагаете по жизни, это либо означает, что вы не живете благочестиво, либо удачно прячете свое благочестие, и нечестивый мир не может разглядеть его.

Библия рассказывает нам о том, как проводить благочестивую жизнь в безбожном мире. В 4 главе Деяний Апостолов говорится о том, как Петр произнес мощную проповедь лидерам израильского народа. Он столько раз задел их за живое, что я удивлен, как они сразу не побили его камнями. В Библии сказано, что когда он закончил проповедовать, иудеи «наложили руки» на Петра и Иоанна (ст. 3). Можно с уверенностью сказать, что это было не «рукоположение»! Они намеревались отдать их под стражу. Но в результате проповеди Петра многие уверовали. Число обратившихся достигло пяти тысяч. Возможно, здесь не учитывали еще пять тысяч женщин и детей. На тот момент церковь существовала лишь несколько недель, а возможное число христиан уже достигло двадцати тысяч. В следующей главе мы также читаем об умножении верующих, но там не указана точная цифра, потому что сосчитать было невозможно!

Вернемся к Петру и Иоанну, которых бросили в темницу. На следующий день их вывели к синедриону и спросили: «Какою силою или каким именем вы сделали это?» (Деян. 4:7).

Представляю мысли Петра: *Что за вопрос? Он понимает, что говорит? Сейчас я отвечу!*

В некотором смысле сатана глуп. Он переигрывает, будто думает: *Сейчас я им покажу! Я их поймаю.* А что в результате? Апостолов били перед синедрионом (первыми лицами Израиля), а затем они проповедовали об Иисусе. Когда бы они получили такую возможность, если бы сатана не устроил это. Дьявол всегда так поступает. Он поместил апостола Павла в темницу в Филиппах, а потом темничный страж и вся его семья обрели спасение. Он отправил Иисуса на крест, и что в итоге? Христос искупил весь мир. Сатана не знает, во что вмешивается. А Бог суверен.

Петр и Иоанн оказались в данной ситуации и просто приняли страдания. Они не тревожились. Не было противостояния, бегства, попыток скрыться или чего-то подобного. Апостолы шли вперед с уверенностью, что эта возможность дана Богом.

«Тогда Петр, исполнившись Духа Святого» (Деян. 4:8), проповедовал об Иисусе Христе и завершил проповедь классическим евангельским призывом: «нет ни в ком ином спасения, ибо нет другого имени под небом, данного человекам, которым надлежало бы нам спастись» (ст. 12).

Неустрашимые

Представьте Петра, стоящего в просторном зале из тесаного камня недалеко от храма. Там собрался весь синедрион, включая Каиафу, который сидел позади них в кресле первосвященника. Петр проповедовал об Иисусе! Он не нарушал порядок. Они сами спросили, каким именем он исцелил хромого у Красных ворот, и Петр честно им отвечал.

Затем напряжение усилилось.

Начальники и старейшины приказали Петру и Иоанну не говорить и не проповедовать об Иисусе (Деян. 4:18). На что Петр и Иоанн отвечали: «судите, справедливо ли пред Богом слушать вас более, нежели Бога?» (ст. 19). Членам синедриона было крайне затруднительно ответить на этот вопрос, потому что они считали себя набожными и утверждали, что верят в Бога. Если бы они сказали: «Вы должны слушаться нас, а не Бога», они бы противостали Богу. А если бы сказали: «Нужно слушаться Бога, а не нас», то противоречили бы сами себе и тем самым оправдали бы апостолов. Петр загнал их в тупик.

Старейшины отчитали апостолов и еще раз пригрозили. Члены синедриона не смогли придумать, за что их наказать, потому что боялись людей, и поэтому отпустили Петра и Иоанна.

Апостолы поспешили туда, где собирались христиане и вместе прославили Бога. Затем они молились. Они не просили: «Господи, защити, нас преследуют!»

Они молились так: «И ныне, Господи, воззри на угрозы их, и дай рабам Твоим со всею смелостью говорить слово Твое» (Деян. 4:29).

Апостолы не умоляли: «Помоги нам». Они лишь просили: «Дай ним сил и позволь вернуться!»

«И, по молитве их, поколебалось место, где они были собраны, и исполнились все Духа Святого, и говорили слово Божие с дерзновением» (ст. 31).

А что сказано в следующем стихе? «У множества же уверовавших» (ст. 32). Они получили ответ! Они вышли и потрясли тот город.

Понимаете, произошло нечто чудесное, потому что апостолы покорно приняли страдания. Они смело противостояли, но не отступали. Они не прятались и не использовали сомнительные тактики благовестия. Они не пытались незаметно сунуть Евангелие в карман незнакомцу. Они дерзновенно, но в любви противостали вызову этого мира и позволили Богу действовать. И что произошло? Им предоставились неслыханные возможности, и Бог дал им удивительную смелость.

Одна из проблем в сегодняшнем евангелизационном служении заключается в том, что христиане не желают встречаться с противостоянием этого мира и говорить об Иисусе Христе как должно. Евангелие искажается в угоду человеческим предрассудкам. Нам нужна смелость. Печально, что большинству из нас неведомо дерзновение, которым обладали Петр и Иоанн. Я молю Бога, чтобы Он дал нам больше смелости.

Столкновение с противником

Однажды меня пригласили выступить в одном из колледжей Лос-Анджелеса, где обучались 15-20 тысяч студентов. Меня попросили рассказать о философских основах христианства. Там было много людей, включая радикальную, воинственно настроенную против христианства группу студентов. Они тоже пришли послушать, что я скажу.

Иногда во время проповеди вы чувствуете, как Божья сила действует через вас. Как будто вы просто стоите, а Бог делает все Сам. Бог дал мне ясное мышление и живую речь. В зале была мертвая тишина, и я был готов к тому, что меня закидают тухлыми яйцами и гнилыми помидорами. В течение часа я рассказывал о философских основах христианства. Последние десять минут я потратил на то, чтобы доказать, что Иисус Христос есть Мессия.

Когда я закончил выступление, группа противников потребовала, чтобы мне навсегда закрыли доступ в кампус. Я начал получать по почте оскорбительные письма с угрозами жизни и благополучия в отношении себя и своей семьи. Мне также пообещали как-нибудь в воскресенье утром взорвать нашу церковь. Меня стали будить среди ночи телефонными звонками с угрозами и руганью.

Второй раз в жизни я начал понимать, что значит столкнуться с миром и ощущать враждебность по отношению к Иисусу. Не могу сказать, испытывал ли я еще когда-либо более волнительные переживания. (Эти чувства наполняют меня до сих пор). Я решительно противостал миру в силе Духа Святого, и вот что произошло!

В тот день я мог бы воздержаться от поездки в колледж, опасаясь, что это подорвет мое служение или создаст угрозу моей жизни. Но я поехал. После того мероприятия, пока я еще находился там, а шум разговоров не стихал, ко мне подошел один студент. Молодой человек спросил: «Можно мне встретиться и поговорить с вами?»

Спустя неделю он пришел ко мне в офис и сказал: «Вы говорили о важных вещах, я хочу знать Иисуса Христа». Сейчас он мой брат во Христе, и его спасение было своего рода результатом происходящего тогда кошмара. И этот молодой человек уже привел других людей ко Христу.

Вы скажете: «Пастор, вам не стоило так рисковать».

О, нет, стоило. Можно было расстаться с жизнью ради спасения одного молодого человека! Если Бог хочет, чтобы я пожертвовал своей жизнью, я должен с готовностью потерять ее ради Него. Такова была позиция Павла. Апостол говорил, что хвалится немощами, скорбями, нуждами, даже гонениями, ведь когда его преследовали, люди спасались, а это замечательно.

Христианин не дорожит собой. Может быть, вы не получаете физических травм, но страдаете от интеллектуального преследования. Вас могут постепенно изолировать от общества. Вас могут вежливо сторониться около кулера с водой. К вам могут относиться как к человеку со странностями, что может вызвать проблему уязвленного самолюбия. Ведь каждый человек хочет быть принятым. Но невозможно угодить миру и быть эффективным для Господа.

Я не мазохист. Я не испытываю удовольствия от угроз и оскорблений в любой форме. И, тем более, я не жалуюсь всем вокруг: «Какой я несчастный! Меня преследуют. Ну не духовный ли я?» Пусть Господь сохранит нас от подобных мыслей. Я имею в виду готовность быть смелым, противостать миру и позволить Богу действовать. Не приукрашивайте Евангелие. Если истина ранит чьи-то чувства, пусть ранит. Люди всю жизнь оскорбляют Бога, пусть почувствуют, каково это. Задумайтесь над словами Павла из послания Филиппийцам:

> *Но если я и соделываюсь жертвою за жертву и служение веры вашей, то радуюсь и сорадуюсь всем вам (Флп. 2:17).*

Что апостол имел ввиду? Если мне придется умереть ради вашего спасения, это хорошо. Если мне нужно пожертвовать жизнью для вашей радости, я готов.

В своем послании Колоссянам Павел радовался своим страданиям. Может показаться, что Павел не в себе. Но это не так.

Он пишет:

> *Ныне радуюсь в страданиях моих за вас и восполняю недостаток в плоти моей скорбей Христовых за Тело Его, которое есть Церковь (Кол. 1:24).*

Что это значит? Мир хочет расправиться с Иисусом. Христиане испытывают преследования не потому, что мир не любит христиан. Нет, мир ненавидит Иисуса! Они не могут добраться до Него, потому что Христос на небесах, поэтому вымещают злобу на нас.

Павел говорит, что переносит страдания, предназначенные для Иисуса Христа; он восполнял недостаток скорбей Христовых в своей плоти. Мир не успокоился, убив Христа. Павел встал на пути мира, чтобы умереть за Того, Кто умер за него. Подобным образом мы должны с радостью встать и принять удары, предназначенные Иисусу.

Кроме того, Павел пишет: «я ношу язвы Господа Иисуса на теле моем» (Гал. 6:17). Вот эти шрамы — они предназначались не мне. Они предназначались Иисусу, но я принял их ради Него! Желаете ли вы пострадать за Христа, Который пострадал за вас? Готовы ли вы противостать этому миру? В этом заключается Божья воля.

ГЛАВА 7

У вас есть все, что нужно

Божья воля заключается в том, чтобы мы были спасены, исполнены Святым Духом, освящались, были покорны и готовы пострадать за истину. Эта воля ясно изложена в Писании. До тех пор, пока вы не усвоите эти пять принципов, не читайте дальше.

Вы скажете: «Пастор, вы собирались рассказать, куда мне идти учиться. Вы обещали показать конкретную Божью волю. Вы этого не сделали!»

Хорошо, позвольте рассказать вам о последнем принципе, но он может вас шокировать! Вам захочется прыгать и кричать! Если вы выполняете все пять основных пунктов, знаете ли вы, каков следующий принцип исполнения Божьей воли?

Делайте, что хотите!

Если пять вышеуказанных принципов Божьей воли действуют в вашей жизни, Кто управляет вашими желаниями? Бог!

Псалмопевец пишет:

> *Утешайся Господом, и Он исполнит желания сердца твоего (Пс. 36:4).*

Бог не обещает исполнить любые ваши желания! Если вы живете благочестивой жизнью, Он даст вам правильные желания.

Люди мне говорят: «Почему вы начали служить здесь, если раньше у вас было успешное служение в другой сфере?»

Я всегда отвечаю: «Потому что я так захотел».

«Да это самоволие!»

Однажды мой друг подошел ко мне и сказал: «Джон, я не знаю, куда Господь направляет меня на служение».

Я спросил: «Марти, если бы ты мог выбирать из любого служения в мире, что бы ты выбрал?»

Он ответил: «Ох, моя душа болит за израильский народ. Я свободно говорю на французском, а в Париже живет много евреев, которые не знают Христа. Лично я бы поехал в Париж благовествовать евреям».

Я спросил, как у него обстоят дела с пятью духовными принципами относительно Божьей воли: «Марти, эти вещи присутствуют в твоей жизни?»

Он ответил: «Да, я действительно верю, что в этих сферах посвящен Христу».

И я сказал: «До свидания, Марти, доброго пути!»

На что он возразил: «Но мне нужно отправить 42 запроса в миссионерские организации».

Я сказал: «Нет, езжай».

«Но это всего лишь мое желание» — продолжал Марти.

«Поверь, оно от Бога. Вперед!»

Марти присоединился к миссионерской организации и подал заявку на служение во Франции. Мы повесили большой плакат в церкви с надписью: «Марти Вульф едет во Францию». Он собрал необходимые средства для миссии, и сейчас он служит... в Канаде!

Что произошло?

Если человек соответствует нужным критериям, неважно, где ему служить. Марти трудится в Монреале среди франкоговорящих евреев. У него было правильное желание, но у Бога для него предусмотрено другое место.

Отсюда вытекает следующий важный принцип. Представьте, что вам нужно развернуть большой неподвижно стоящий грузовик. Сложная задача. Потребуется помощь большого крана и даже трос, чтобы хотя бы сдвинуть его с места. Но как только грузовик покатится, управлять автомобилем весом в 16 тонн станет не так сложно.

Когда Марти начал действовать, Господь взял в могущественные руки Своей воли управление его жизнью и служением, и это было нетрудно.

Наверное, Бог мог бы задействовать свой небесный кран, чтобы поднять и направить Марти в верном направлении, но Бог использует тех, которые уже в движении.

Обратите внимание на следующую ситуацию в жизни одного из величайших апостолов:

> *Случилось, что Петр, обходя всех, пришел и к святым, живущим в Лидде. Там нашел он одного человека, именем Энея, который восемь уже лет лежал в постели в расслаблении. Петр сказал ему: Эней! исцеляет тебя Иисус Христос; встань с постели твоей. И он тотчас*

встал. И видели его все, живущие в Лидде и в Сароне, которые и обратились к Господу (Деян. 9:32-35).

В этом удивительном повествовании рассказывается о том, как Бог использовал Петра, чтобы исцелить больного человека и начать пробуждение. Какой благословенный опыт служения по Божьей воле! В описании этого события искусно вплетена короткая мысль: «Случилось, что Петр, обходя всех».

Апостол Петр уже находился в пути, готовый зайти в открытые двери. В этот момент Бог направил его в Лидду. Помните, Бог приготовил самые важные служения для самых активных святых.

В книге Бытие мы находим захватывающую иллюстрацию той же истины:

> *И сказал: благословен Господь, Бог господина моего Авраама, Который не оставил господина моего милостью Своею и истиною Своею! Господь прямым путем привел меня к дому брата господина моего (Быт. 24:27).*

Авраам послал своего слугу найти невесту своему сыну Исааку. Слуга даже не знал, кого или что он ищет. Но он действовал, и Господь направил его.

Погрузитесь в понимание того, что делает Бог, и позвольте Ему вести вас к этой совершенной воле.

Во время своего второго миссионерского путешествия Павел исполнял служение, которое Бог запланировал для Галатии, большой провинции Римской империи. Он активно поддерживал, ободрял и наставлял верующих. Труд был свершен. Но Павел не остановился, он пошел дальше. Он для нас пример постоянства.

Апостол направился на запад, не зная наверняка Божьей воли, но позволяя Богу вести его. Здесь располагались города Малой Азии: Ефес, Смирна, Филадельфия, Лаодикия, Колоссы, Сардис, Пергам и Фиатир. Вместе с Силой и Тимофеем Павел прошел через Малую Азию, вдохновленный возможностью поделиться с жителями тех городов евангельской истиной. Внезапно Святой Дух запретил им проповедовать Евангелие в Азии. Это было подобно бетонному препятствию на скоростном шоссе (Деян. 16:6). Мы не знаем, как Бог остановил их, но Он это сделал. Закрытая дверь изменила направление их движения, и они отправились на север в Мисию, надеясь попасть в Вифинию. Но «Дух не допустил их» (ст. 7). Снова препятствие. Им было запрещено идти на север и юг, а также на восток в Галатию. Что теперь? На этом этапе можно было сказать:

> *Все двери закрыты, можно идти домой». Но апостол Павел так не сказал. Ведь оставался еще запад! Они пошли вдоль границы Малой Азии и Вифинии на запад, пока не достигли Эгейского моря. Они находились в прибрежном городе Троада, когда «было ночью видение Павлу: предстал некий муж, Македонянин, прося его и говоря: приди в Македонию и помоги нам (ст. 9).*

Христианство больше не будет восприниматься как очередной азиатский культ! Оно двигалось в Европу, в совершенно новую культуру, в новый мир!

Бог с самого начала хотел, чтобы миссионеры шли в Македонию. Но пока они не доказали свою веру и посвященность и не предприняли все возможные попытки, Бог не открывал им Своей воли.

Продолжать действовать — замечательный принцип! Многие люди просто сидят в ожидании «божественного побуждения», говоря: «Я не знаю, чего Бог от меня хочет». Нужно начать действовать, чтобы Господь направил вас служить именно там, где Ему угодно. Познание Божьей воли может означать движение по узкой тропе, пока вы не зайдете в тупик. И тогда Бог откроет перед вами такую широкую дверь, что вы не сможете ее обойти — только войти в нее!

Какова была реакция Павла? Об этом записано в книге Деяний апостолов:

> *После сего видения, тотчас мы положили отправиться в Македонию, заключая, что призывал нас Господь благовествовать там (Деян. 16:10).*

Павел действовал решительно, и это единственно верная реакция, когда ищущее сердце находит открытую дверь.

Помню, как в детстве я бродил в парке развлечений и заплатил 25 центов, чтобы зайти в лабиринт. Он был полон зеркал, открытых мест и стен из прозрачного стекла. Нужно было найти выход из лабиринта. Один малыш выбился из сил, стоял на месте и с плачем звал маму. Но не я!

Я бегал от зеркала к стеклу, врезаясь в невидимые стены в надежде найти выход и спустя пятнадцать минут выбрался оттуда.

Вы можете столкнуться со множеством закрытых дверей, но таким образом Бог помогает вам зайти в одну открытую. Начните действовать! Будьте постоянны.

Видите, Божья воля не указывает на конкретное место. И для нее не первостепенно, куда вам идти или где работать. Божья воля напрямую касается вашей личности. Если вы благочестивый человек, следуйте своим желаниям, и это будет исполнением Его воли.

> *Итак, умоляю вас, братия, милосердием Божиим, представьте тела ваши в жертву живую, святую, благоугодную Богу, **для** разумного служения вашего, и не сообразуйтесь с веком сим, но преобразуйтесь обновлением ума вашего, чтобы вам познавать, что есть воля Божия, благая, угодная и совершенная (Рим. 12:1-2).*

Что бы ни происходило в вашей жизни, за все благодарите, «...ибо такова о вас воля Божия во Христе Иисусе» (1 Фес. 5:18). Бог использует каждое событие в вашей жизни, чтобы сформировать из вас человека, способного исполнять Его волю.

The Master's Academy International
www.tmai.org
publishing@tmai.org